Daftar Isi

Bimbingan Ilahi
Membuka Hikmah Al Quran dan Hadits

Ibrahim Essa

Dengan menyebut nama Allah Yang Maha Pengasih lagi Maha Penyayang.

Buku ini ditulis semata-mata karena rasa cinta, rahmat dan keridhaan Allah yang dengan ikhlas aku mohon ampun atas dosa orang tuaku, saudara perempuanku, keluargaku dan orang-orang beriman yang telah meninggal dunia serta dikaruniakan mereka masuk ke Taman Surga abadi-Nya yang tertinggi.

(Surah Al-Isra 17:24)

"Tuanku! Kasihanilah mereka karena mereka membesarkanku ketika aku masih muda."

(Surah Ar Ra'd 13:23-24)

Surga Keabadian yang mereka masuki bersama orang-orang shaleh di antara orang tua, pasangan, dan keturunannya. Dan para malaikat akan memasuki mereka dari setiap pintu sambil berkata, "Salam sejahtera atas ketekunanmu. Betapa hebatnya tempat tinggal terakhir ini!"

(Surah Al-Fatihah 1:1-7)

Dengan Nama Allah Yang Maha Pengasih lagi Maha Penyayang.
Segala puji bagi Allah, Tuhan semesta alam.
Yang Maha Pengasih, Maha Penyayang,
Penguasa Hari Pembalasan.
Hanya Engkau saja yang kami sembah dan hanya Engkau saja kami
mohon pertolongan.
Bimbing kami di Jalan yang Lurus.
jalan orang-orang yang Engkau beri nikmat, bukan jalan orang-orang
yang Engkau benci atau orang-orang yang sesat.

Daftar isi

Perkenalan

Dengan menyebut nama Allah Yang Maha Pengasih lagi Maha Penyayang

Segala puji dan kemuliaan hanya milik Allah, Tuhan semesta alam. Aku bersaksi tidak ada Tuhan selain Allah dan Muhammad adalah hamba dan Utusan-Nya.

(Surat Al-An'am 6:153)

Sungguh, itulah JalanKu yang lurus sempurna. Maka ikutilah dan jangan ikuti jalan yang lain, karena itu akan membawamu menjauh dari jalan-Nya. Demikianlah yang diperintahkan-Nya kepadamu, semoga kamu bertakwa kepada Allah."

Al-Qur'an adalah kitab sastra Muslim terbesar dalam sejarah dan tetap sempurna dan utuh hingga saat ini, persis seperti yang diturunkan lebih dari seribu empat ratus tahun yang lalu.

(Surat Al-Isra 17:88)

Katakanlah wahai Nabi, "Sekiranya semua manusia dan jin berkumpul untuk menghasilkan padanan Al-Quran ini, niscaya mereka tidak akan dapat menghasilkan padanannya, betapapun mereka saling mendukung.

Al-Qur'an adalah landasan tertinggi petunjuk Ilahi bagi setiap Muslim. Hadits di sisi lain yang merupakan pembawa Sunnah Nabi (damai dan berkah Allah besertanya) dianggap di kalangan banyak umat Islam sebagai isu kontroversial saat ini.

Muslim tradisional percaya bahwa Hadis adalah sumber sejarah yang akurat, yang melestarikan perkataan, tindakan, dan persetujuan Nabi (Semoga damai dan berkah Allah besertanya). Namun ada beberapa penganut Alquran yang menolak semua hadis, dan menganjurkan pendekatan yang berpusat pada Alquran.

Para sarjana Barat termasuk orang-orang Muslim yang berpikiran kritis percaya bahwa teks-teks Hadis tidak dapat ditelusuri kembali ke kata-kata Nabi secara harafiah (Semoga damai dan berkah Allah besertanya).

Keyakinan ini didasarkan pada metode historis kritis yang menyelidiki asal muasal teks hadis, dan melihat peristiwa sejarah dan budaya pada saat hadis ditulis.

Perbedaan pendapat mengenai perlunya dan kehandalan Hadis dalam konteks Al-Quran telah menyebabkan kebingungan di kalangan umat Islam yang menimbulkan beberapa pertanyaan penting.

Mengapa kita membutuhkan Hadits ketika kita memiliki Al-Quran? Apakah kita mengikuti hadits yang bertentangan dengan ayat Alquran? Apakah Nabi (Semoga damai dan berkah Allah besertanya) menerima wahyu selain Al-Quran?

Apakah Muhammad adalah Nabi dan Rasul terakhir? Mengapa Taurat dan Injil disebutkan dalam Al-Quran?

Buku ini menjawab beberapa pertanyaan ini dan lebih banyak lagi melalui kutipan teks Quran dan Hadits.

Saya memohon kepada Allah Yang Maha Tinggi lagi Maha Penyayang agar menerima usaha sederhana saya ini dan semoga buku ini menjadi sumber petunjuk dan manfaat bagi seluruh umat manusia.

Semoga damai dan berkah Allah besertanya Muhammad hamba dan rasulnya, para sahabatnya, para nabi dan rasul lainnya, seluruh keluarga mereka dan siapa saja yang mengikuti mereka dalam kesalehan.

(Surat Al-Ankabut 29:69)

Adapun orang-orang yang berjuang di jalan Kami, niscaya Kami akan memberi petunjuk kepada mereka di jalan Kami. Dan sesungguhnya Allah bersama orang-orang yang berbuat baik.

BAB SATU
Perlunya Hadits

(Surah An-Nahl 16:44)

Kami mengutus mereka dengan bukti-bukti yang nyata dan kitab-kitab Ilahi. Dan Kami turunkan kepadamu wahai Nabi Yang Mengingatkan, *agar kamu dapat menjelaskan kepada manusia apa yang diwahyukan kepada mereka, dan barangkali mereka akan merenung.*
(Surah Ali-Imran 3:164)

Sesungguhnya Allah telah memberikan nikmat yang besar kepada orang-orang yang beriman dengan mengangkat seorang rasul dari antara mereka—*membacakan kepada mereka wahyu-wahyu-Nya, mensucikan mereka, dan mengajarkan kitab kepada mereka* dan kebijaksanaan. Sebab sesungguhnya mereka sebelumnya jelas-jelas sesat.

Hadits adalah riwayat Sunnah Nabi (Semoga damai dan berkah Allah besertanya). Hal ini mencakup sabda, tindakan dan hadis Nabi Muhammad SAW yang dijadikan sumber utama dalam hukum Islam saat ini.

Sunnah Rasulullah SAW merupakan wahana hadis. Kita hanya bisa memahami Sunnah melalui Al-Qur'an dan Hadits. Asal muasal teks hadis pun bersumber dari Al-Quran dan Sunnah Nabi Muhammad.

Abu Najeeh al-Irbaad ibn Saariyah radhiyallahu 'anhu berkata:

Rasulullah SAW menyampaikan khotbah yang membuat hati kami dipenuhi ketakutan dan air mata berlinang.

Maka kami berkata, "Ya Rasulullah! Seolah-olah ini adalah khotbah perpisahan, maka nasihatilah kami." Rasulullah SAW bersabda, "Aku menasihatimu agar bertakwa (takwa) kepada Allah, dan mendengarkan serta menaati pemimpinmu meskipun ada seorang budak yang menjadi amirmu.

Sesungguhnya dia diantara kamu yang berumur panjang akan melihat pertikaian yang besar, demikian *kalian harus berpegang pada Sunnah saya dan Sunnah Khulafa ar-Rasyidin (para khalifah yang mendapat petunjuk),* orang-orang yang memberikan petunjuk kepada jalan yang benar.

Pegang erat-erat dengan gigi geraham Anda. Waspadalah terhadap hal-hal yang baru ditemukan dalam agama, karena sesungguhnya setiap bidah adalah kesesatan."

Diriwayatkan oleh Abu Dawud juga at-Tirmidzi

Kategori Hadis berdasarkan Narator

Ada tiga kategori Hadis berdasarkan perawi yang diterima secara luas oleh umat Islam.

Hadith Qudsi (Sacred)

Hadits Qudsi langsung dikaitkan dengan Allah dimana Rasulullah SAW akan menyampaikan pesan-pesan dari Allah melalui ilham atau mimpi, kemudian menyampaikan maknanya kepada ummat dengan perkataannya sendiri.

Mutawatir (Consecutive)

Hadits dianggap shahih karena diriwayatkan oleh sejumlah besar sahabat Nabi (Semoga damai dan berkah Allah besertanya). Contoh praktis dari Hadits Mutawatir adalah Haji, puasa, Zakat, pembacaan Al-Qur'an dan amalan shalat lima waktu.

Jumlah Hadits Mutawatir lisan yang diriwayatkan oleh Nabi sedikit dan patut dipertanyakan karena tidak ada konsensus di antara para ulama mengenai jumlah pastinya.

Ahad (Terisolasi)

Hadits yang jumlahnya tidak mencapai hadis Mutawatir secara masal. Hadits Ahad diklasifikasikan lagi menjadi Gharib, Aziz dan Mashhur.

Gharib (Aneh, menakutkan)

Seorang perawi Hadis meriwayatkannya pada setiap tahap kanad. (rantai otoritas)

Aziz (Kuat, Langka)

Dua perawi Hadits meriwayatkannya pada tahap mana pun dari sanad. (rantai otoritas)

Terkenal

Ada lebih dari dua perawi hadis yang meriwayatkannya pada setiap tahap kanad. (rantai otoritas)

Klasifikasi Hadis

Penggolongan hadits apakah sahih, hasan, da'if atau mauda bergantung pada keterpercayaan, ketakwaan, ilmu, keutuhan dan ingatan baik para perawinya. Rangkaian narasi dan teks juga harus lengkap, tanpa gangguan, dapat diandalkan dan harus dikuatkan dengan pemancar lain.

Sahih (Suara)

Hadits dengan sanad (rantai transmisi) dan matn yang lengkap, terpercaya dan tidak terputus. (teks) Para penyampai juga harus dikenal kejujurannya, ilmunya, ketakwaannya, integritasnya dan ingatannya yang baik.

Hasan (Bagus)

Hadits yang sanadnya tidak lengkap atau dengan perawi yang diragukan otoritas atau ingatannya. Hadits tersebut cukup untuk dijadikan bukti pendukung.

Da'if (Lemah)

Hadits yang perawinya atau matnnya (teksnya) mendapat kritik serius. Contohnya adalah ketika para perawi diketahui berbohong, melakukan kesalahan yang berlebihan, atau menentang narasi dari para perawi yang lebih terpercaya dan terpercaya.

Maudu (Dibuat, ditempa)

Teks Hadis bertentangan dengan tanggal dan waktu pemberitaan Hadis tertentu. Kata-katanya juga berlawanan dengan hadis shahih.

Fokus utama umat Islam setelah wafatnya Nabi (as) adalah Alquran. Hal ini sebagian besar disebabkan oleh upaya para sahabat Nabi yaitu Abu Bakar, Umar, Utsman dan Ali (ra dengan mereka) yang memaksa orang untuk mengikuti Al-Quran sekaligus mengurangi penyebaran Hadits. Para sahabat Nabi tidak ingin orang-orang beriman mencampuradukkan ayat-ayat Al-Quran dengan ayat-ayat Hadits.

Setelah wafatnya Nabi Suci, Abu Bakar mengumpulkan orang-orang dan berkata, 'Kalian melaporkan tentang Rasulullah dengan riwayat yang tidak konsisten. Orang-orang yang datang setelah Anda akan terlibat dalam perbedaan yang lebih intens.

Oleh karena itu, janganlah kamu melaporkan apapun tentang Rasulullah, dan jika ada yang bertanya kepadamu, hendaknya kamu mengacu pada Kitab Allah sebagai penengahnya.

Oleh karena itu, Anda harus menganggap halal apa pun yang halal di dalamnya dan menganggap haram segala sesuatu yang haram di dalamnya.

Diceritakan oleh Al-Dahbiy

Umar pada masa pemerintahannya sebagai khalifah tidak mengizinkan sahabat Nabi (Semoga damai dan berkah Allah besertanya) bepergian dengan bebas tanpa izinnya karena dia tidak ingin mereka menyebarkan Hadis. Utsman mencabut pembatasan perjalanan ketika ia menjadi Khalifah berikutnya.

Para sahabat Nabi (Semoga damai dan berkah Allah besertanya) *menyukai* Abdullah ibn Abbas, Anas ibn Malik, Abu Hurayrah, Abdullah ibn Masud and others documented Hadiths.

Abu Juhaifa radhiyallahu 'anhu berkata:

Aku bertanya kepada Ali radhiyallahu 'anhu, "Apakah kamu mempunyai ilmu tentang Inspirasi Ilahi selain yang ada dalam Kitab Allah?" Ali menjawab, "Tidak, oleh Dia yang membelah biji jagung dan menciptakan ruh. Saya kira kita tidak punya ilmu seperti itu, tapi kita punya kemampuan memahami yang mungkin Allah anugerahkan pada seseorang, sehingga dia bisa memahami Al-Qur'an, dan kita juga punya apa yang tertulis di kertas ini."

Saya bertanya, "Apa yang tertulis di makalah ini?Beliau menjawab, "Pemahaman, pelepasan tawanan, dan bahwa seorang muslim tidak boleh dibunuh oleh orang kafir.

Diriwayatkan oleh Al-Bukhari

Konsensus di antara para sahabat Nabi (Semoga damai dan berkah Allah besertanya) dan umat Islam adalah bahwa Hadits harus dipelajari melalui hafalan dan dari mulut ke mulut. Hal ini berubah menjadi teks tertulis karena dikhawatirkan mereka yang tidak memiliki daya ingat yang baik akan melupakan riwayat hadis.

Fudhayl bin Ḥasan bin 'Amr bin Umayyah meriwayatkan dari ayahnya yang berkata:

Saya menceritakan kepada Abu Hurairah tentang sebuah hadits dan dia mengingkarinya. Saya berkata, "Saya mendengarnya dari Anda." Abu Hurairah berkata, ***Jika Anda mendengarnya dari saya, saya harus menuliskannya.*** Dia kemudian membawaku ke rumahnya, dia menunjukkan kepadaku buku-buku yang berisi banyak Hadits Nabi dan dia menemukan Hadits itu.

Abu Hurairah kemudian berkata, "Seperti yang saya katakan, jika saya pernah menceritakannya kepada Anda, hadis itu ada di dalam hadis saya.

Diriwayatkan oleh Ibn Abd al-Barr

Naskah Hadits paling awal adalah satu halaman Muwatta karya Imam Malik yang berasal dari tahun 179AH.

Persaingan antara Bani Umayyah dan Abbasiyah menyebabkan terciptanya kompilasi Hadis.

Dinasti Umayyah menggunakan Hadis sebagai senjata politik mereka yang paling ampuh untuk menegakkan dan memperluas kekuasaan mereka atas benua Eropa, Asia dan Afrika. Benua-benua ini mencakup populasi besar orang-orang dengan latar belakang multi-budaya, etnis dan agama.

Hal ini menyebabkan banyaknya hadis yang dipalsukan dalam perdebatan hukum, sektarian, dan teologis. Hal ini juga menciptakan peluang dan motivasi terciptanya materi hadis baru karena ideologi sektarian, suku, dan teologis yang saling bertentangan dan bersaing pada saat itu.

Hal ini membuka pintu bagi pemalsuan hadis secara massal karena tidak ada langkah-langkah pengendalian seperti sejarah tradisi ulama yang mapan untuk memeriksa, memverifikasi dan mengotentikasi transmisi hadis.

Pemalsuan hadits yang dikaitkan dengan Ibnu Abbas radhiyallahu 'anhu meningkat secara signifikan seiring berjalannya waktu. Jumlah hadis yang diriwayatkan oleh Ibnu Abbas adalah seribu enam ratus enam puluh hadis.

Hal ini mengingat riwayat sembilan atau sepuluh hadits ibn Abbas yang sebenarnya didengar dari Nabi (Semoga damai dan berkah Allah besertanya) dan laporannya tentang apa yang dikatakan Nabi versus riwayat Hadits yang dia dengar dari para sahabat lainnya.

Ibnu Umar radhiyallahu 'anhu memiliki dua ribu enam ratus tiga puluh hadis yang dikaitkan dengannya dan dianggap sebagai perawi hadis paling produktif kedua setelah Abu Hurairah radhiyallahu 'anhu

Hadits berikut ini bertentangan dengan narasi bahwa Ibnu Umar meriwayatkan banyak hadits.

Diriwayatkan bahwa Abdullah bin Abu Safar berkata: "Saya mendengar Ash-Sha'bi berkata: *"Saya duduk bersama Ibnu Umar selama setahun dan saya tidak mendengar dia meriwayatkan apapun dari Rasulullah Tuhan (ﷺ)"*

Diriwayatkan oleh Ibnu Majah

Kebutuhan akan ISNAD

Kebutuhan akan Sinad (rantai perawi) sebagai faktor penentu kehandalan dan kredibilitas Hadis baru muncul pada Fitnah Kedua.

Ini adalah periode kerusuhan dan kekacauan sipil, politik dan militer masa awal Kekhalifahan Bani Umayyah.

Abu Ja'far Muhammad bin us-Sabbah meriwayatkan kepada kami, Ismail bin Zakariyya meriwayatkan kepada kami, atas wewenang Asim il-Ahwal, atas wewenang *Ibnu Sirin begitulah katanya*:

"Mereka tidak akan bertanya tentang rantai narasi, dan ketika Fitnah terjadi, mereka berkata: "Sebutkan kami orang-orangmu". Maka akan dihormati Ahl us-Sunnah, dan hadits-hadits mereka kemudian diambil, dan Ahlul Bi'dah (Pembaru) akan dihormati, dan hadits-hadits mereka tidak diambil".

Diriwayatkan oleh Muslim

Kodifikasi Hadis dimulai pada abad kedelapan pada masa pemerintahan Umar bin Abdul Aziz yang memberikan dampak positif yang sangat besar bagi kerajaan Islam pada masa Bani Umayyah.

Umar bin Abdul Aziz sebagai hasil dari perubahan transformatif visionernya dianggap dalam sejarah Islam sebagai salah satu penguasa paling mulia, kedua setelah empat khalifah yang mendapat petunjuk Abu Bakar, Umar, Utsman dan Ali (ra dengan mereka)

Aturan pada saat itu adalah bahwa Isnad (rantai narasi) harus dikuatkan, lengkap dan bahwa para perawi dikenal karena pengetahuannya, kesalehan, integritas dan ingatannya yang baik.

Hadis tersebut juga tidak boleh bertentangan dengan Al-Quran dan hadis shahih lainnya. Namun aturan tersebut lemah karena tidak ada kritik terhadap isi hadis itu sendiri.

Integritas, kesalehan dan pengetahuan para narator dijunjung tinggi dan oleh karena itu tidak dipertanyakan. Hal ini menyebabkan tidak ada seorang pun yang mengkaji dan mempertanyakan isi hadis itu sendiri.

Karena upaya upaya pembuktian para cendekiawan Muslim awal untuk mengotentikasi Hadis, *siapa pun yang mengutip hadis hari ini tidak akan melakukannya tanpa menyebutkan sanadnya. (rantai narasi)*

Bukti yang menguatkan ini mengarah pada asal usul enam kitab hadis yang diterima umat Islam saat ini sebagai sumber utama yang dikaitkan dengan Sunnah Nabi (Semoga damai dan berkah Allah besertanya).

Dua ulama Hadis yang paling menonjol adalah Al-Bukhari dan Muslim yang dapat dianggap sebagai pengkritik Hadis karena kriteria ketat mereka terhadap Isnad (rantai perawi)

Sahih Al-Bukhari dan Sahih Muslim saat ini dianggap sebagai literatur Islam paling otentik setelah Al-Qur'an. Empat buku lainnya berasal dari Sunan Abi Dawud, Sunan al-Nasa`i, Sunan Ibnu Majah dan Jami al-Tirmidzi.

Kepustakaan dari keenam kitab hadis tersebut berbeda-beda derajat keautentikannya, ada yang shahih, ada pula yang mempunyai narasi yang saling bertentangan, dan umumnya penuh kontradiksi.

Muslim tradisional percaya bahwa Hadis adalah sumber sejarah yang sangat dapat diandalkan. Para ahli sejarah sekuler yang kritis membantah hal ini sampai-sampai banyak yang menolak narasi hadis karena tidak dapat ditelusuri kembali ke kata-kata sebenarnya dari hadis tersebut. **Nabi** (Semoga damai dan berkah Allah besertanya).

Hal ini menimbulkan pertanyaan apakah risalah Nabi SAW adalah **dapat diandalkan dan kata-katanya dipelihara secara akurat seperti yang ada dalam Al-Quran.**

Sesungguhnya Kamilah yang menurunkan Peringatan itu, dan
Sesungguhnya Kamilah yang akan memeliharanya.
HAL INI JUGA MENYEBABKAN lahirnya sebuah gerakan di abad
kesembilan belas yang disebut Quranist yang menolak seluruh kumpulan
Hadis dan mempertanyakan otoritas Nabi. (Semoga damai dan berkah
Allah besertanya).

Keyakinan dan argumentasi mereka didasarkan pada Nabi
Muhammad SAW tidak punya wewenang kecuali menyampaikan
Al-Qur'an.

(Surat An-Nahl 16:82)

Namun jika mereka berpaling, maka ***tugasmu wahai Nabi hanyalah
menyampaikan risalah dengan jelas.***

Kaum tradisionalis Sunni tidak setuju dan selalu mengutip ayat
terkenal berikut ini untuk membuktikan bahwa hal tersebut tidak benar.

(QS An-Nisa 4:59)

***Wahai orang-orang yang beriman! Taatilah Allah dan taatilah Rasul
dan ulil amri di antara kamu.*** Jika kalian berbeda pendapat dalam
suatu hal, maka rujuklah kepada Allah dan Rasul-Nya, jika kalian
benar-benar beriman kepada Allah dan Hari Akhir. Ini adalah resolusi
terbaik dan paling adil.

Ayat di atas secara implisit menyatakan ***taatilah Allah dan taatilah
Kurir.*** Kata ***mematuhi*** tidak di hadapan orang-orang yang berkuasa di
antara kamu. Artinya: "Ya, taatilah ulama di antara kamu selama tidak
bertentangan dengan Al-Qur'an dan Sunnah Nabi Shallallahu 'alaihi wa
sallam.."

Ayat tersebut melanjutkan "Jika kamu berbeda pendapat dalam
suatu hal, maka serahkanlah kepada Allah dan Rasul-Nya, jika kamu
benar-benar beriman kepada Allah dan Hari Akhir." Hal ini mengacu
pada Al-Quran dan Sunnah Nabi.

(Surah Al-Ahzab 33:36)

Tidaklah baik bagi laki-laki atau perempuan yang beriman ketika Allah dan Rasul-Nya menetapkan suatu hal untuk mempunyai pilihan lain dalam hal itu. Sesungguhnya siapa yang mendurhakai Allah dan Rasul-Nya jelas-jelas telah tersesat jauh.

Sunnah memperluas dan membatasi Hadis. Kitab-kitab Hadits tidak menyebutkan atau memberikan rincian misalnya bagaimana cara melaksanakan Sholat. Jika seorang Mutlak diberikan seluruh kitab Hadits dan membaca puluhan ribu Hadits, mereka tetap tidak tahu bagaimana cara menunaikan shalat.

Hanya melalui Sunnah yang merupakan praktik hidup abadi Nabi yang bersifat preskriptif (Semoga damai dan berkah Allah besertanya) agar umat islam saat ini memahami dan mengetahui tata cara shalat.

Sunnah juga menjelaskan tentang Haji, Zakat dan Puasa serta bagaimana menerapkan ajaran Al-Quran secara praktis dalam kehidupan kita sehari-hari.

Malik radhiyallahu 'anhu meriwayatkan:

Kami mendatangi Nabi (Semoga damai dan berkah Allah besertanya) dan tinggal bersamanya selama dua puluh hari dua puluh malam. Kami semua masih muda dan seumuran.

Nabi sangat baik dan penyayang. Ketika dia menyadari kerinduan kami terhadap keluarga kami, dia bertanya tentang rumah kami dan orang-orang di sana dan kami menceritakan kepadanya.

Kemudian beliau meminta kami untuk kembali ke keluarga kami dan tinggal bersama mereka serta mengajari mereka agama dan memerintahkan mereka untuk berbuat kebaikan. Dia juga menyebutkan beberapa hal lain yang saya ingat atau lupakan.

Nabi kemudian menambahkan, ***"Berdoalah sebagaimana Anda melihat saya berdoa*** dan jika tiba waktu salat, salah satu di antara kalian harus mengumandangkan Adzan dan yang tertua di antara kalian harus memimpin salat."***

Diriwayatkan oleh Al-Bukhari

Hadits tentang berbohong terhadap Nabi

HADITS PADA UMUMNYA penuh dengan kontradiksi. Masalahnya saat ini adalah mayoritas umat Islam mendengarkan hadis dan menerimanya sebagai hadis shahih.

Contohnya adalah hadits berikut yang telah disebarluaskan secara massal termasuk para sahabat Nabi (Semoga damai dan berkah Allah besertanya). Kata sengaja digunakan pada satu hadis dan tidak pada hadis lainnya.

Penting untuk dicatat bahwa kedua hadis tersebut berasal dari Al-Bukhari dan ada dua versi berbeda dari hadis yang sama yang ditulis oleh Ali dan Anas, keduanya sahabat Nabi..

Ali radhiyallahu 'anhu meriwayatkan:

Nabi (Semoga damai dan berkah Allah besertanya) *dikatakan,* **"Jangan berbohong terhadapku *barangsiapa berbohong kepadaku* maka dia pasti akan masuk neraka."**

Diriwayatkan oleh Al-Bukhari

Anas radhiyallahu 'anhu meriwayatkan:

Fakta yang menghalangi saya untuk meriwayatkan sejumlah besar hadis kepada Anda adalah bahwa Nabi SAW (Semoga damai dan berkah Allah besertanya) dikatakan:

"*Barang siapa yang dengan sengaja berbohong kepadaku*, maka biarlah dia menempati tempat duduknya di api neraka."

Diriwayatkan oleh Al-Bukhari

Perbedaan susunan kata pada dasarnya mempengaruhi pemahaman dan makna keyakinan Keagamaan. Penting untuk melihat konteks Hadis itu sendiri, membandingkannya dengan Hadis yang sejajar dan memastikan bahwa hadis tersebut tidak bertentangan dengan ayat dalam Al-Quran.

Aisha radhiyallahu 'anhu meriwayatkan:

Ayah saya telah mengumpulkan lima ratus hadis Nabi. Pada malam dia melakukannya, dia berguling-guling di tempat tidur. Saya bertanya, "Apakah Anda mempunyai penyakit atau pernah mendengar sesuatu?" Di pagi hari, dia berkata, "Putriku! Bawakan aku hadis yang kuberikan padamu." Saya membawanya. Dia menginginkan api dan membakarnya.

Ketika saya bertanya mengapa dia membakarnya, dia berkata, "Saya tidak ingin mati karena membawa hadis-hadis ini **Saya khawatir ada hadis-hadis yang aslinya tidak seperti yang diberitakan padahal saya mendengarnya dari orang yang saya percaya; Saya takut** menceritakannya seperti itu"

Diceritakan oleh Al-Dahbiy

Hadist Makan Ikan Paus Mati

Allah pada ayat berikutnya melarang memakan daging hewan mati yang membusuk. Ayat ini hanya berlaku untuk hewan darat dan tidak berlaku untuk hewan laut.

(Surat Al-Ma'idah 5:3)

Diharamkan bagimu bangkai, darah, dan babi; apa yang disembelih atas nama selain Allah; apa yang dibunuh dengan cara dicekik, dipukul, dijatuhkan, atau ditanduk sampai mati; apa yang dimakan sebagian oleh predator kecuali Anda menyembelihnya; dan apa yang dikorbankan di altar.

Anda juga dilarang untuk menarik undian keputusan. Ini semua jahat. Saat ini orang-orang kafir telah putus asa untuk melemahkan keimanan Anda. Jadi, jangan takut pada mereka; takut saya! Hari ini Aku telah menyempurnakan keimananmu untukmu, menyempurnakan nikmat-Ku kepadamu, dan memilih Islam sebagai jalanmu. Namun siapa yang terdorong oleh rasa lapar yang berlebihan dan tidak berniat berbuat dosa, maka sesungguhnya Allah Maha Pengampun lagi Maha Penyayang.

Hadits memakan ikan paus yang mati nampaknya bertentangan dengan Al-Qur'an namun sebenarnya memperjelas ayat "*Diharamkan bagimu bangkai, darah, dan babi.*"

Abu 'Abdullah Jabir ibn 'Abdullah (ra dengan dia) meriwayatkan:

Rasulullah (damai dan berkah Allah besertanya) mengutus kami untuk mencegat kafilah milik Quraisy, dan dia menunjuk Abu Ubaydah (ra dengan dia) sebagai komandan kami. Dia memberi kami sekarung kurma sebagai bekal, selain itu dia tidak menemukan apa pun untuk kami.

Abu Ubaydah biasa memberi kami kurma satu per satu. Dia ditanya: "Apa yang biasa kamu lakukan dengan benda itu?" Beliau bersabda: "Dulu kami menghisapnya seperti bayi menyusu, kemudian kami minum air setelahnya, cukup untuk sehari hingga malam hari.

Kami juga biasa memukul-mukul daun pohon dengan tongkat kami, lalu merendamnya dalam air dan memakannya." Dia melanjutkan: "Kami kemudian menuju ke pantai laut, di mana sesuatu seperti gundukan besar muncul di hadapan kami. Ketika kami mendatanginya, kami menemukan bahwa itu adalah binatang yang disebut Al-Anbar (paus sperma).

Abu 'Ubaydah berkata: "Itu adalah binatang yang mati." Kemudian dia berkata: "Tidak, melainkan kami adalah utusan Rasulullah Shallallahu 'alaihi wa sallam dan kami keluar di jalan Allah. Sekarang kamu terpaksa karena kebutuhan, maka kamu boleh makan. Kami terus memakannya selama sebulan hingga kami menjadi gemuk, dan kami menjadi tiga ratus orang laki-laki.

Dan sungguh, aku melihat bagaimana kita mengambil lemak dari rongga matanya dalam kendi, kemudian kita memotongnya menjadi potongan-potongan seperti seekor lembu jantan atau seukuran seekor lembu jantan.

Abu Ubaydah mengambil tiga belas laki-laki dari kami dan mendudukkan mereka di rongga matanya. Dia mengambil salah satu tulang rusuknya dan mengencangkannya, lalu memasang pelana pada unta kami yang terbesar dan melewati tulang rusuk itu di bawahnya.

Kami mengambil potongan besar dagingnya sebagai bekal untuk perjalanan pulang. Sesampainya kami di Madinah, kami mendatangi Rasulullah SAW dan menceritakan semua itu kepadanya.

Kemudian dia berkata: "Itu adalah rezeki yang Allah keluarkan untukmu. Apakah kamu mempunyai sesuatu dari dagingnya, sehingga kamu dapat memberi kami makan?" *Kami mengirimkan sebagian dagingnya kepada Rasulullah (damai dan berkah Allah besertanya) untuk dimakannya.*

Diriwayatkan oleh Al-Bukhari dan juga Muslim

Klarifikasi lebih lanjut terdapat pada ayat Alquran dan teks hadis berikut ini.

(Surah Al-Ma'idah 5:96)

Halalnya kamu berburu dan memakan hasil laut, sebagai bekal bagimu dan bagi para musafir. Namun berburu di darat diharamkan bagi Anda saat menunaikan ibadah haji. Ingatlah akan Allah yang kepada-Nya kamu semua dikumpulkan.

Hadits tentang Air Laut

Abu Huraira radhiyallahu 'anhu melaporkan:

Nabi SAW ditanya tentang air laut, beliau bersabda, "Airnya mensucikan untuk wudhu, dan *hewan matinya halal untuk dimakan.*" *Diriwayatkan oleh At-Tirmidzi*

Hadits tentang air laut melengkapi dan menjelaskan hadis memakan bangkai ikan paus. Oleh karena itu penting untuk mengkaji dan memahami Hadits melalui konteks teks Hadits paralel lainnya serta Al-Qur'an.

Izin Nabi untuk Menuliskan Hadits

Nabi (Semoga damai dan berkah Allah besertanya) melarang penulisan Hadis pada saat turunnya Al-Quran untuk memastikan bahwa Hadis tidak tercampur dengan Al-Quran. Fokus utama pada saat itu adalah wahyu Al-Quran dan bukan Hadits.

Abu Said al-Khudri radhiyallahu 'anhu meriwayatkan bahwa Rasulullah (damai dan berkah Allah besertanya) mengatakan: *"Jangan menulis apapun dariku,* barangsiapa yang menulis sesuatu dariku selain Al-Quran, hendaklah dia menghapusnya dan menceritakannya dariku, karena tidak ada salahnya."

Diriwayatkan oleh Muslim

Larangan tersebut dicabut setelah turunnya wahyu Al-Quran. Pembacaan hadis secara lisan dianjurkan dan izin diberikan kepada orang-orang yang menulis hadis karena khawatir mereka akan melupakan transmisinya. Itu *Hadits Abu Syah* adalah contohnya.

Abu Huraira radhiyallahu 'anhu meriwayatkan:

Pada tahun Penaklukan Mekkah, suku Khuza`a membunuh seorang laki-laki dari suku Bam Laith sebagai balas dendam atas orang yang dibunuh milik mereka pada Masa Jahiliyah Pra-Islam.

Jadi, Rasul Allah bangkit dan berkata, "Allah menahan tentara yang membawa gajah dari Mekah, tapi Dia membiarkan Rasul-Nya dan orang-orang beriman mengalahkan orang-orang kafir di Mekah. Hati-hati! Mekah adalah tempat suci! Sesungguhnya! Berperang di Mekah tidak diperbolehkan bagi siapa pun sebelumku, dan hal itu tidak dibolehkan bagi siapa pun setelah aku; Hal itu dibolehkan bagiku hanya untuk sementara waktu, sekitar satu jam pada hari itu.

Tanpa keraguan! Saat ini merupakan tempat perlindungan; semaknya yang berduri tidak boleh dicabut; pohon-pohonnya tidak boleh ditebang; dan barang-barang yang jatuh tidak boleh dipungut kecuali oleh orang yang akan mencari pemiliknya.

Dan jika seseorang terbunuh, kerabat terdekatnya mempunyai hak untuk memilih salah satu dari dua hal, yaitu uang darah atau pembalasan dengan membunuh si pembunuh." Kemudian seorang pria dari Yaman, bernama Abu Shah, berdiri dan berkata, *"Tulis itu untuk aku, ya Rasulullah (Semoga damai dan berkah Allah besertanya)!" Rasulullah dikatakan kepada para sahabatnya, "Tulislah itu untuk Abu Shah."* Kemudian seorang laki-laki lain dari Quraisy bangkit sambil berkata, "Ya Rasulullah! (Semoga damai dan berkah Allah besertanya) Kecuali Al-Idhkhir (sejenis rumput khusus) yang kami gunakan di rumah dan kuburan kami." Rasulullah (Semoga damai dan berkah Allah besertanya) bersabda, "Kecuali Al-idhkkir."

Diriwayatkan oleh Al-Bukhari

Abdullah bin Amr radhiyallahu 'anhu meriwayatkan:

Aku akan menuliskan semua yang kudengar dari Rasulullah SAW, ingin menghafalkannya, namun pihak Quraisy menyuruhku untuk tidak melakukannya.

Mereka berkata, "Apakah kamu menuliskan semua yang kamu dengar dari dia? Nabi adalah manusia! Dia berbicara ketika dia marah dan senang." Jadi, saya berhenti menulis semuanya. Aku menyebutkannya kepada Nabi, dan dia menunjuk ke mulutnya dan berkata, *"Tulislah, karena demi Dzat yang jiwaku berada di tangan-Nya, tidak ada yang keluar darinya kecuali kebenaran."*

Diriwayatkan oleh Abu Dawud

Hadits Nabi mengulangi pernyataan sebanyak tiga kali

Nabi (Semoga damai dan berkah Allah besertanya) sabar dan akan mengulangi pernyataan tersebut tiga kali untuk memastikan orang memahami maknanya.

Alasannya juga untuk memberikan waktu yang cukup bagi orang-orang yang khawatir akan melupakan sabda Nabi untuk menuliskannya.

Anas bin Malik radhiyallahu 'anhu meriwayatkan

bahwa Rasulullah SAW akan melakukannya *ulangi pernyataan tiga kali* agar dapat dipahami.

Diriwayatkan oleh At-Tirmidzi

Hadits dituliskan di atas kertas

Ubaidullah bin Abdullah radhiyallahu 'anhu meriwayatkan:

Ibnu `Abbas berkata, "Ketika Nabi SAW sakit (Semoga damai dan berkah Allah besertanya) menjadi lebih buruk, katanya, "Bawakanlah untukku kertas tulis, dan aku akan menulis untukmu sebuah pernyataan yang setelah itu kamu tidak akan tersesat." Namun Umar berkata, "Nabi sedang sakit parah, dan kami membawa Kitab Allah dan itu sudah cukup bagi kami." Namun para sahabat Nabi berbeda pendapat mengenai hal ini dan terjadilah keributan.

Mendengar hal itu Nabi berkata kepada mereka, 'Pergilah dan tinggalkan aku sendiri. Tidak benar kalau kalian bertengkar di depanku."

Ibnu `Abbas keluar sambil berkata, "Sangat disayangkan (bencana besar) yang dialami Rasulullah (Semoga damai dan berkah Allah besertanya) dicegah untuk menulis pernyataan itu untuk mereka karena ketidaksepakatan dan kebisingan mereka.

Diriwayatkan oleh Al-Bukhari

Hadits terbuka untuk penafsiran seperti apa yang dilakukan Nabi SAW (Semoga damai dan berkah Allah besertanya) **ingin menulis sebelum kematiannya. Apakah dia ingin menunjuk Ali, Umar atau salah satu sahabat lainnya sebagai penggantinya atau menegaskan kembali instruksinya bahwa orang-orang beriman mengikuti Al-Qur'an dan Sunnahnya?**

pernyataan Umar "Nabi sedang sakit parah, dan kami membawa Kitab Allah dan itu sudah cukup bagi kami." juga menimbulkan keraguan terhadap kesahihan hadis as Al-Quran pada waktu itu belum disusun dalam bentuk buku.

Kritik Hadits

Hadis mula-mula disampaikan secara lisan kemudian kemudian ditulis. Beban kesahihan hadis akan lebih berat jika hanya dibatasi pada transmisi lisan.

Faktanya adalah ingatan tidak dapat diandalkan dan parafrase Hadis dapat menyebabkan perubahan pada teks dan makna sebenarnya. Umat Islam pada saat itu harus menanggung konflik suku, migrasi massal dan perubahan lingkungan yang akan mempengaruhi ingatan mereka dan transmisi lisan Hadis.

Shu'bah ibn al-Hajjaj yang dianggap sebagai salah satu ulama terkemuka dalam kritik hadis mengatakan:

"Saya tidak tahu ada orang yang meneliti hadis yang penyelidikannya sebanding dengan penyelidikan saya. Saya menemukan bahwa tiga perempatnya palsu."

Tidak ada kontrol tertulis ketika transmisi lisan awal Hadis terjadi. Hal ini berlawanan dengan Al-Qur'an tertulis yang memiliki sejarah kuat dengan latar belakang pengetahuan dan keilmuan yang mapan. Orang-orang beriman yang membaca Al-Quran selalu dapat merujuk kembali pada teks Al-Quran tertulis yang merupakan bentuk kontrol.

Abdullah ibn Lahi'ah yang merupakan seorang ulama hadis Mesir yang terkenal berkata:

"Seorang bidah yang telah bertobat dari doktrin palsunya kepadaku. Dia berkata *"Periksa baik-baik dari siapa Anda mengambil hadis-hadis ini, karena kapan pun kami memikirkan suatu doktrin, kami akan mengubahnya menjadi hadis."*

Empat abad pertama tradisi hadis terfokus pada kritik isnad (rantai narasi) yang tidak mengkritisi isi hadis itu sendiri.

Al-Bukhari, Muslim, Ahmad bin Hanbal dan lain-lain menggunakan transmisi bukti untuk mengotentikasi Hadis yang berhasil sampai tingkat tertentu. Alasannya adalah masalah hadis pada periode sebelumnya karena tidak ada sanad (rantai narasi) yang dapat membuktikan kesahihan hadis.

Artinya, sejak abad kedelapan dan seterusnya, para kritikus hadis berupaya melakukan hal yang sama *menerapkan metode mereka untuk mengotentikasi riwayat Hadis dari seratus hingga seratus lima puluh tahun sebelumnya.*

Hal ini terbukti tidak efektif karena adanya sinad parrarel (rantai narasi) yang dibuat-buat untuk Hadis pada periode sebelumnya sehingga menyulitkan untuk membedakan antara Hadis yang asli dan yang palsu.

Kesenjangan dalam timeline tercipta *gajah di dalam ruangan* hari ini setiap kali ada yang mengutip hadis. Alasannya adalah ketika seseorang mengutip hadis, baik di masjid atau di tempat umum, setidaknya ada satu atau lebih orang yang skeptis yang akan mengajukan pertanyaan: *"Apakah Nabi (Semoga damai dan berkah Allah besertanya)* Sungguh *benar-benar mengatakan itu?"*

Hadis ditulis terlambat sehingga membuka kemungkinan untuk ditafsirkan karena adanya consad (rantai narasi) yang bertentangan dengan Hadis sebelumnya. Ini membawa *Hadits lebih mendekati ranah skeptis dibandingkan perkataan Nabi secara harafiah (Semoga damai dan berkah Allah besertanya).*

Hadits merupakan suatu keharusan karena memberikan kita informasi tentang Sunnah Nabi (Semoga damai dan berkah Allah besertanya) dan memberikan konteks pada ayat-ayat Alquran. Hal ini juga memberi kita wawasan tentang pandangan dan pendapat generasi Muslim sebelumnya.

Sekte Muslim seperti Sunni, Syiah, Salafi, Sufi, Wahabi dll semuanya menerima Hadits diperlukan untuk memahami Al-Qur'an

dan Sunnah Nabi. (Semoga damai dan berkah Allah besertanya) **meskipun mereka mungkin berbeda pendapat dalam hal hadis.**

Umat Islam, meskipun terdapat perbedaan penafsiran dan pemahaman, menjunjung tinggi Al-Quran dan Hadits sebagai sumber pedoman bagi keyakinan agama mereka.

BAGIAN DUA
Perbedaan Al Quran dan Hadist

(Surah Al-Ankabut 29:45)
Bacalah apa yang diturunkan kepadamu dari Kitab dan dirikanlah shalat.

Al-Qur'an dibacakan pada setiap shalat, sedangkan hadits tidak dapat dibaca dalam shalat.

(Surat Al-Isra 17:88)
Katakanlah wahai Nabi, "Sekiranya semua manusia dan jin berkumpul untuk menghasilkan padanan Al-Quran ini, niscaya mereka tidak akan mampu menghasilkan padanannya, betapapun mereka mendukungnya..

Al-Qur'an berisi kata-kata Allah yang murni dan tidak berubah, sedangkan Hadits dikaitkan dengan kata-kata dan tindakan Nabi ﷺ

(QS An-Najm 53:2-4)
Sahabatmu (Muhammad) tidak sesat dan tidak pula sesat. Dia juga tidak berbicara berdasarkan keinginannya sendiri. Itu hanyalah wahyu yang diwahyukan.

Al-Qur'an diturunkan kepada Nabi Muhammad SAW melalui Malaikat Jibril, sedangkan Hadits adalah riwayat hidup Nabi Muhammad SAW. dari sumber seperti Bukhari, Muslim dan lain-lain.

(Surah Fatir 35:29-30)
Sesungguhnya orang-orang yang membaca Kitab Allah, mendirikan shalat, dan berinfak dari rezeki yang Kami berikan kepada mereka—secara sembunyi-sembunyi dan terbuka—dapat

mengharapkan pertukaran yang tidak akan pernah gagal. agar Dia memberi balasan yang penuh kepada mereka dan meningkatkannya akan rahmat-Nya. Sungguh Dia Maha Pengampun lagi Maha Menghargai.

Membaca Al-Quran mengukur pahala dan keutamaan, sedangkan membaca hadis merupakan sarana barakah. (berkah)

(Surat Al-Baqarah 2:106)

Jika Kami membatalkan suatu ayat atau melupakannya, Kami menggantinya dengan yang lebih baik atau serupa. Tahukah kamu bahwa Allah Maha Mampu melakukan segalanya?

Al-Qur'an adalah keajaiban dan unik. Hadits tidak mempunyai tingkat keheranan dan kekaguman yang sama. Hadis tidak akan pernah bisa membatalkan satu ayat Al-Quran.

(Surat Al-Waqi'ah 56:74-79)

Maka muliakanlah Nama Tuhanmu Yang Maha Besar. Jadi, saya bersumpah demi posisi bintang-bintang – dan ini, jika saja Anda mengetahuinya, sungguh merupakan sumpah yang besar bahwa ini benar-benar Al-Quran yang mulia, dalam sebuah Catatan yang terpelihara dengan baik yang tidak disentuh oleh siapa pun kecuali para malaikat yang disucikan.

Al-Quran tidak dapat disentuh tanpa wudhu atau dalam keadaan najis seksual. Kitab-kitab hadis boleh disentuh dalam keadaan najis dan tanpa wudhu.

(Surat Yusuf 12:2)

Sesungguhnya Kami menurunkannya dalam bentuk Al-Quran berbahasa Arab agar kamu dapat memahaminya.

Al-Qur'an tidak dapat dibacakan dalam bahasa sendiri kecuali bahasa Arab, sedangkan Hadits dapat diriwayatkan dalam bahasa apa pun.

(Surah Al-Ankabut 29:47)

Dan tidak ada seorangpun yang mengingkari wahyu Kami kecuali orang-orang kafir yang keras kepala.

Anda bisa kehilangan Iman (iman) Anda dengan menolak sebuah ayat Al-Quran. Hal ini tidak berlaku jika Anda menolak sebuah riwayat hadis.

(Surah Al-Hijr 15:9)

Sesungguhnya Kamilah yang menurunkan Peringatan itu, dan Sesungguhnya Kamilah yang memeliharanya.

Al-Qur'an tidak ada bandingannya dan dilindungi oleh Allah dari segala kerusakan. Hadits tidak dilestarikan seperti Al-Quran dan penuh kontradiksi.

BAB TIGA
Al-Qur'an berdasarkan Hadits

(Surah Ali-Imran 3:31)

Katakanlah, wahai Nabi, "Jika kamu tulus mencintai Allah, maka ikutilah aku; Allah akan mencintaimu dan mengampuni dosa-dosamu. Sebab Allah Maha Pengampun lagi Maha Penyayang."

Al-Qur'an adalah wahyu tertulis ilahi dari Allah, sedangkan Hadits diturunkan secara lisan dan kemudian diturunkan secara tertulis yang dikaitkan dengan Rasulullah. (Semoga berkah dan damai Allah besertanya)

(Surat Abasa 80:11-14)

Tapi tidak! Wahyu ini benar-benar sebuah pengingat. Maka hendaklah siapapun yang mau memperhatikannya. ***Itu tertulis di halaman yang dihormati***—sangat terhormat, murni.

Al-Qur'an menjelaskan segala sesuatu dan merupakan benih segala pengetahuan. Sunnah Nabi memperluas dan membatasi Al-Quran.

Alasannya adalah karena Sunnah memberikan konteks pada ayat-ayat Al-Qur'an dan juga menjadi lensa bagaimana kita membaca dan memahami Al-Qur'an. Jika umat Islam berbeda pendapat dalam penafsiran suatu ayat Al-Quran, Sunnah membatasi batasan penafsiran tersebut.

(Surat Al-Baqarah 2:2)

Inilah Bukunya! Tidak ada keraguan mengenai hal ini—petunjuk bagi orang-orang yang bertakwa kepada Allah.

Rasulullah SAW bersabda, "Saya diberi Al-Qur'an dan sejenisnya bersama dengan itu."

Al-Miqdam bin Ma'dikarib meriwayatkan: Rasulullah SAW bersabda, *"Sesungguhnya aku telah diberi Al-Qur'an dan sejenisnya. Sebentar lagi, akan tiba saatnya seorang laki-laki akan berbaring di dipannya sambil berkata: "Ikuti saja Al-Qur'an, jadikanlah apa yang kamu temukan di dalamnya sebagai halal dan haramkan apa yang kamu temukan di dalamnya sebagai haram."*

Diriwayatkan oleh Abu Dawud

(Surat Al-Hashr 59:7)

Apa pun yang diberikan Utusan Tuhan kepada Anda, ambillah. Dan apapun yang dia larang, tinggalkanlah. Dan bertakwalah kepada Allah.

Al-Qur'an menyetujui Sunnah dan menjelaskan hadits.

Diperkirakan delapan puluh persen hukum Islam bersumber dari Hadis dan bukan Al-Quran. Terdapat puluhan ribu hadits yang sebagian besar mempunyai implikasi hukum dibandingkan dengan beberapa ketentuan hukum dalam Al-Quran.

Hal ini menciptakan persepsi di kalangan umat bahwa hadis adalah firman Allah yang kata demi kata. Tidak ada yang sebanding atau setara dengan Allah dan ini termasuk firman-Nya.

(Surah Taha 20:14)

Ini benar-benar Aku. Akulah Allah! Tidak ada Tuhan yang patut disembah kecuali Aku. Maka sembahlah Aku saja, dan dirikanlah shalat untuk mengingat-Ku.

Perlu adanya pemulihan keseimbangan antara Al-Quran dan Hadits. Perspektif Al-Quran perlu dipulihkan karena tradisi Hadis telah mengambil alih Al-Quran.

Konstitusi Arab Saudi adalah Al-Quran. Tidak ada hukum pidana atau perdata dan hakim mengambil keputusan berdasarkan Syariah (hukum Islam)

Dalam sebuah wawancara dengan Al-Arabiya, Mohammed Bin Salman (MBS), Putra Mahkota Arab Saudi mengatakan:

"Pemerintah yang terkait dengan Syariah harus melakukannya *melaksanakan peraturan dan ajaran Al-Quran secara mutawtir (terkenal) hadis,* dan untuk *melihat kebenaran dan keandalan hadis Ahad (terisolasi).* dan untuk *mengabaikan hadis-hadis khabar (desas-desus) seluruhnya kecuali jika hadis tersebut benar-benar memberikan manfaat bagi kemanusiaan."*

Jadi, seharusnya ada *tidak ada hukuman yang berkaitan dengan masalah agama kecuali jika ada ketentuan Alquran yang jelas,* dan hukuman ini akan diterapkan berdasarkan cara Nabi menerapkannya."

Implikasinya adalah hilangnya beberapa hukum Islam seperti kematian orang murtad dan homoseksual, rajam, dan potong tangan pencuri.

Ini juga berarti demikian hanya sepuluh persen hadis valid yang selaras dengan teks Alquran yang akan tetap ada.

Itu *pergeseran ideologi* tempat *penekanan yang lebih kuat pada Al-Quran* dan sebuah *penolakan terhadap hadits jika tidak dikolaborasikan dengan ayat Alquran.*

Umat Islam pada umumnya membaca Al-Quran tanpa pemahaman dan sering mengacaukan ayat-ayat Al-Quran dengan teks Hadits.

Hukum Islam sebagian besar didasarkan pada instruksi rinci dari teks-teks Hadis. Al-Qur'an memiliki perintah umum, sedangkan hadis memberikan rincian spesifik mengenai ayat-ayat Al-Qur'an.

Ayat-ayat Alquran tentang shalat, puasa, haji, zakat dan transaksi komersial memerlukan klarifikasi. Nabi (Semoga damai dan berkah Allah besertanya) mendemonstrasikan ayat-ayat Al-Quran secara praktis yang oleh banyak umat Islam saat ini dianggap sebagai wahyu lain yang disebut Sunnah.

Hadits memperluas teks-teks Al-Qur'an dalam hal sholat, haji, puasa dll. Teks-teks hadis dibandingkan dengan teks-teks Al-Qur'an sangat luas.

Katakanlah wahai Nabi, "Inilah jalanku. Katakan kepada mereka bahwa inilah jalanKu yang sangat jelas dan lurus. *Panggilan saya didasarkan pada keyakinan, alasan, pengetahuan, dan pemahaman yang teguh –* milikku dan juga pengikutku.

Kata-kata Al-Qur'an dan Hadits mempunyai makna. Penafsiran kita terhadap kata-kata penting karena membentuk realitas kita mengenai pentingnya teks Al-Quran dan Hadits secara kontekstual.

Penalaran kita melalui latar belakang pengetahuan dan pemahaman yang mapan akan memberi tahu kita bahwa Al-Qur'an adalah sumber utama wahyu Ilahi.

Perintah Allah harus diikuti. Al-Qur'an yang merupakan firman Allah yang ringkas dan tepat menguasai Sunnah. Tidak akan ada Nabi (Semoga damai dan berkah Allah besertanya) atau wahyu ilahi tanpa Al-Qur'an.

(Surah Ali Imran 3:7)

Dialah yang menurunkan kepadamu wahai Nabi Kitab, yang beberapa ayatnya tepat – ayat-ayat tersebut merupakan landasan Kitab – sementara ayat-ayat lainnya sulit dipahami.

Mereka yang memiliki hati yang menyimpang mengikuti ayat-ayat yang sulit dipahami ini dan berusaha menyebarkan keraguan melalui penafsiran mereka yang salah—namun tidak ada seorang pun yang dapat memahami makna sebenarnya dari ayat-ayat tersebut kecuali Allah. Adapun orang-orang yang berpengetahuan luas berkata, "Kami beriman kepada Al-Qur'an ini, semuanya berasal dari Tuhan kami." *Namun tak seorang pun akan memperhatikan hal ini kecuali orang-orang yang berakal.*

Allah menguji orang-orang dengan ayat-ayat yang sulit dipahami dan orang-orang yang hatinya menyimpang akan menyebarkan keraguan terhadap Al-Quran melalui penafsiran mereka yang salah.

Hal ini menimbulkan kebingungan di kalangan umat yang menjadikan Hadits sebagai sumber utama ilmu dan petunjuk. Kompilasi dan otentikasi Hadis telah ada selama seribu empat ratus tahun terakhir.

Hadits-hadits yang umumnya penuh kontradiksi kini menjadi sasaran penafsiran meskipun banyak yang memandang Hadis sebagai sumber utama hukum Islam.

Hal ini tidak berarti bahwa hadis harus ditolak total. Konsensusnya adalah bahwa Hadits tidak boleh dipandang secara terpisah.

Pertanyaan yang sering muncul "Bagaimana jika Al-Quran tidak menyebutkan sebuah Hadits yang dianggap shahih? Hadits dalam upaya memahami konteksnya harus dikaji dan dibandingkan dengan hadis lain yang sejajar.

Alasannya adalah itu *untuk setiap Hadis-hadis yang benar, kemungkinan besar terdapat hadis-hadis lain yang sama-sama sejajar dan berlawanan, namun tidak benar.* Hal ini berlaku terlepas dari apakah sumber informasinya berasal dari Bukhari, Muslim atau yang lainnya.

Para sarjana Barat termasuk umat Islam pada umumnya bersikap skeptis terhadap Hadis dan biasanya menerapkan metode historis kritis ketika berhadapan dengan Hadis.

Metode ini melibatkan pemeriksaan asal usul teks hadis sejarah dan menyelidiki sumbernya, tanggal, peristiwa di mana teks tersebut ditulis, serta orang, tempat, adat istiadat, dan hal-hal yang disebutkan dalam teks tersebut.

Lebih mudah mengikuti contoh praktis kehidupan Nabi daripada mengikuti dan menafsirkan teks-teks Al-Quran. Masalahnya adalah bahasa Arab bukanlah bahasa pertama bagi sebagian besar umat Islam sehingga sering kali sulit untuk dipahami.

Kejelasan Al-Qur'an menjadi lebih jelas bagi para Sahabat dalam timeline mereka karena Al-Qur'an diturunkan dalam bahasa dan dialek mereka.

(Surat Yusuf 12:2)

Sesungguhnya Kami telah menurunkannya sebagai sebuah *Alquran Arab agar kamu mengerti.*

Hal ini juga menyiratkan bahwa Nabi (Semoga damai dan berkah Allah besertanya) menjelaskan makna yang lebih dalam dari ayat-ayat yang tidak disebutkan dalam Al-Qur'an.

Mayoritas umat Islam saat ini membutuhkan seorang penafsir untuk memahami Al-Quran. Para ulama seperti para Imam dan Syekh dapat memberikan dukungan dalam hal ini namun terbatas karena keterbatasan waktu.

Waktu dianggap sebagai kemewahan dalam kehidupan kita yang sibuk dan serba cepat. Kami memiliki komitmen keluarga, pekerjaan, sosial dan agama. Di mana kita punya waktu untuk belajar dan memahami Al-Quran?

(Surat Al-Isra 17:106)

Itu adalah Al-Qur'an yang Kami turunkan secara bertahap agar kamu dapat mengetahuinya *membacakannya kepada orang-orang dengan kecepatan yang disengaja.* Dan Kami telah menurunkannya secara berturut-turut dengan wahyu.

Era pembelajaran digital telah memberikan peluang bagi siapa pun untuk secara aktif terlibat dan mempelajari Al-Quran menggunakan teknologi dan sumber daya digital secara online melalui desktop, laptop, tablet, ponsel pintar iPad, smart TV, dan lainnya.

Saat ini terdapat aplikasi Muslim gratis yang menghubungkan pengguna dengan Al-Quran, meningkatkan pembacaan dan hafalan Al-Quran sambil membangun kebiasaan positif dalam prosesnya.

(Surat At-Taubah 9:31)

Mereka mengangkat para rabbi dan rahib serta Almasih putra Maryam sebagai tuhan selain Allah, padahal mereka diperintahkan untuk tidak menyembah selain Tuhan Yang Maha Esa. Tidak ada Tuhan yang patut disembah kecuali Dia. Maha Suci Dia melebihi apa yang mereka persekutukan dengan-Nya!

Nabi (Semoga damai dan berkah Allah besertanya) juga memperingatkan kita untuk tidak mendengarkan ulama yang *ajarannya bertentangan dengan Al-Quran.*

Adiyy ibn Hatim radhiyallahu 'anhu meriwayatkan:

Saya mendengar Nabi Muhammad SAW membacakan ayat ini: *"Mereka telah mengambil ulama mereka dan para rahib sebagai Tuhan selain Allah, dan juga Almasih putra Mariyam."*

Dan mereka tidak diperintahkan kecuali untuk menyembah Tuhan yang Esa; tidak ada Tuhan selain Dia. Maha Tinggi Dia atas apa pun yang mereka persekutukan dengan-Nya.

Maka aku berkata kepadanya: "Kami tidak menyembah mereka." Dia membalas: *"Bukankah mereka mengharamkan apa yang Allah izinkan, maka kamu mengharamkannya? Bukankah mereka mengizinkan apa yang dilarang Allah, maka kamu mengizinkannya?"* Saya bilang iya. Dia berkata: *"Begitulah caramu memuja mereka."*

Diriwayatkan oleh At-Tirmidzi

Allah membimbing siapa pun yang mencoba membaca dan memahami Al-Qur'an menuju jalan-Nya.

(Surat Sedih 38:29)

Inilah Kitab yang penuh berkah yang Kami turunkan kepadamu wahai Nabi agar mereka dapat mengetahuinya *renungkanlah ayat-ayatnya, dan orang-orang yang berakal budi boleh jadi berakal budi.*

Cara terbaik untuk menafsirkan Al-Qur'an adalah melalui Al-Qur'an itu sendiri dan teks Hadits.

Teks hadis tidak boleh bertentangan dengan ayat Al-Quran, atau bertentangan dengan ilmu pengetahuan, akal, logika, dan akal sehat. Ayat Alquran yang dimaksudkan untuk ditafsirkan itu sendiri, lima ayat pertama sebelum dan lima ayat sesudahnya perlu dicermati untuk memahami konteks ayat tersebut secara utuh. Hal ini akan memberikan konteks kerja praktis ketika membandingkan ayat-ayat Alquran dengan teks Hadits dan sebaliknya.

Hal ini didasarkan pada alasan yang masuk akal bahwa untuk memahami sesuatu dengan tepat, seseorang perlu menyatukan hal-hal yang dekat atau serupa.

(QS An-Najm 53:3-4)

Dia juga tidak membicarakan keinginannya sendiri. Itu hanyalah wahyu yang diturunkan kepadanya.

Wahyu Ilahi diturunkan kepada Rasulullah SAW pada saat Nabi dan umatnya menghadapi kesulitan dan penganiayaan yang besar.

Hadits memberikan konteks penting dalam memahami peristiwa yang berujung pada turunnya ayat Alquran. Termasuk juga renungan terhadap Al-Quran dan memberikan wawasan bagi umat Islam saat ini tentang bagaimana mengatasi cobaan dan kesengsaraan.

(Surat Saba 34:46)

Katakanlah wahai Nabi, "Saya menasihatimu untuk melakukan satu hal saja: berdiri di jalan Allah secara individu atau berpasangan—***kemudian merenung.***

Al-Qur'an adalah kalam Allah dan bukan kalam Rasulullah SAW.

(Surat An-Nahl 16:82)

Namun jika mereka berpaling, maka tugasmu wahai Nabi hanyalah menyampaikan risalah tersebut dengan jelas.

Rasulullah SAW adalah a ***Alquran berjalan*** dan teladan terbaik yang paling sempurna untuk diikuti umat manusia dalam menghidupkan Al-Quran.

Qatadah radhiyallahu 'anhu melaporkan:

Aku berkata kepada Aisyah, "Wahai ibu orang-orang mukmin, ceritakan kepadaku tentang akhlak Rasulullah SAW."

Aisha berkata, "Apakah kamu belum membaca Al-Quran?" Saya berkata, "Tentu saja." Aisyah berkata, "Sesungguhnya, ***akhlak Nabi Allah adalah Al-Quran.***

Diriwayatkan oleh Muslim

Hadits dalam konteks sirah Rasulullah SAW dalam kehidupan membuka jendela bagi kita untuk melihat bagaimana beliau secara praktis menerapkan ayat-ayat Al-Qur'an dalam kehidupan sehari-hari.

(Surat Al-Ahzab 33:21)

Memang, *pada diri Rasulullah anda mempunyai teladan yang baik* ʄatau barangsiapa yang berharap kepada Allah dan Hari Akhir, serta sering-sering mengingat Allah.

(Surat Al-Baqarah 2:269)

Dia menganugerahkan hikmah kepada siapapun yang Dia kehendaki. Dan barangsiapa yang diberi hikmah, niscaya ia dikaruniai keistimewaan yang besar. *Namun tak seorang pun akan memperhatikan hal ini kecuali orang-orang yang berakal.*

Jundab bin Abdullah radhiyallahu 'anhu meriwayatkan:

Utusan Allah (Semoga damai dan berkah Allah besertanya) dikatakan, *"Bacalah dan pelajarilah Al-Qur'an selama kalian sepakat mengenai penafsiran dan maknanya,* Namun apabila kalian mempunyai perbedaan dalam penafsiran dan maknanya, maka sebaiknya kalian berhenti membacanya untuk sementara waktu.

Diriwayatkan oleh Al-Bukhari

Allah membuka jalan menuju pengetahuan ketika kita mulai menggunakan akal ketika membaca Al-Quran. Hal ini membuka pemahaman baru tentang wahyu Ilahi yang dapat memberikan jawaban atas pertanyaan-pertanyaan yang dihadapi setiap orang setiap hari dalam perjalanan dan kesengsaraan pribadi mereka.

Hadits Membaca Al-Qur'an dalam tujuh cara berbeda

Umar bin al-Khattab radhiyallahu 'anhu berkata: Saya mendengar Hisyam bin Hakim membacakan surat al-Furqan pada masa Rasulullah (damai dan berkah Allah besertanya).

Saya mendengarkan bacaannya dan memperhatikan bahwa dia membacanya dengan banyak cara yang tidak diajarkan oleh Rasulullah (damai dan berkah Allah besertanya) kepada saya. Jadi, aku hendak melompat ke arahnya saat salat, tapi aku menunggu sampai dia selesai salat, lalu aku menangkap pakaian atasnya atau pakaianku dan bertanya kepadanya: "Siapa yang mengajarimu cara membaca Surat ini?"

Dia menjawab: "Rasulullah SAW mengajariku cara membacanya." Jadi, aku berkata kepadanya: "Kamu telah berbohong! Demi Allah, Rasulullah (semoga Allah memberkati dia dan memberinya kedamaian) mengajariku surat ini yang aku dengar kamu ucapkan."

Maka aku pun berangkat, menuntunnya menemui Rasulullah (ṣallallāhu 'alaihi wa sallam). Aku berkata: "Wahai Rasulullah, aku mendengar orang ini membacakan Surat Al-Furqan yang belum pernah Engkau ajarkan kepadaku, dan Engkau mengajariku cara membacanya."

Mendengar hal itu, Rasulullah SAW bersabda: "Wahai Umar, lepaskan dia! Bacalah wahai Hisyam." Maka Hisyam membacakannya di hadapannya sebagaimana aku mendengarnya membacakannya.

Rasulullah SAW bersabda: "Diturunkan seperti ini." Kemudian Rasulullah SAW bersabda: "Bacalah wahai Umar!" Jadi, saya membacanya.

Nabi (damai dan berkah Allah besertanya) bersabda: "Diturunkan seperti ini." Dan kemudian dia menambahkan: *"Sesungguhnya Al-Qur'an ini diturunkan dalam tujuh wujud yang berbeda, maka bacalah dengan cara yang mudah bagimu."*

Diriwayatkan oleh Al-Bukhari dan juga Muslim

Hadits tentang Pahala bagi yang membaca Al-Qur'an

Muhammad bin Ka'b Al-Qurazi (Semoga Allah meridhoi dia) berkata:

Aku mendengar Abdullah bin Masud radhiyallahu 'anhu berkata: Rasulullah SAW bersabda:

"Barangsiapa membaca satu huruf dari Kitab Allah, maka dia mendapat pahala darinya, dan pahala sepuluh pahala yang serupa dengannya.. Saya tidak mengatakan Alif Lam Mim itu satu huruf, tapi Alif satu huruf, Lam satu huruf, dan Mim satu huruf.

Diriwayatkan oleh At-Tirmidzi

Aisha radhiyallahu 'anhu berkata:

Nabi (ﷺ) bersabda, "Orang yang membaca Al-Qur'an dan menguasainya dengan hati, maka dia akan termasuk ahli-ahli Taurat yang mulia dan saleh di Surga. *Dan orang yang bersungguh-sungguh menghafalkan Al-Qur'an, lalu membacanya dengan susah payah, maka ia akan mendapat pahala yang berlipat ganda."*

Diriwayatkan oleh Al-Bukhari

Hadits yang bertentangan dengan Al Quran

Umat Muslim menghormati Al-Qur'an sebagai sumber utama dan murni wahyu ilahi. Namun ada pula yang berpendapat bahwa ada hadis tertentu yang bertentangan dengan Al-Qur'an.

Hadits pada umumnya penuh dengan kontradiksi. Hadits apa pun yang bertentangan dengan ayat Alquran harus ditanggapi dengan serius. Ayat berikut menyatakan bahwa tidak ada kontradiksi dalam Al-Qur'an. Hal sebaliknya berlaku pada hadis.

(Surah An-Nisa 4:82)

Apakah mereka tidak merenungkan Al-Quran? Sekiranya dari pihak lain selain Allah, niscaya mereka akan menemukan banyak kejanggalan di dalamnya.

Hadits-hadits berikut ini sepenuhnya bertentangan dengan Al-Quran. Kontradiksi ini menimbulkan pertanyaan di kalangan komunitas Muslim tentang tujuan dan keaslian Hadis dalam kaitannya dengan Al-Qur'an.

Hadits tentang Rajam

(Surah An-Nur 24:2)

Adapun bagi pezina laki-laki dan perempuan, cambuklah masing-masing seratus kali, dan jangan biarkan rasa kasihan kepada mereka menjadikanmu lunak dalam menegakkan hukum Allah, jika kamu benar-benar beriman kepada Allah dan Hari Akhir. Dan hendaklah sejumlah orang mukmin menyaksikan azab mereka.

Abdullah b. Abbas melaporkan bahwa Umar b. Khattab duduk di mimbar Rasulullah (Semoga damai dan berkah Allah besertanya) dan berkata:

Sesungguhnya Allah mengutus Muhammad (Semoga damai dan berkah Allah besertanya) dengan kebenaran dan Dia menurunkan Kitab kepadanya, dan ayat rajam termasuk dalam apa yang diturunkan kepadanya.

Kami membacanya, menyimpannya dalam ingatan kami dan memahaminya. *Rasulullah (Semoga damai dan berkah Allah besertanya) dijatuhi hukuman rajam sampai mati kepada pezinah yang sudah menikah dan pezina* dan setelah dia, kami juga mengganjar hukuman rajam.

Saya khawatir seiring berjalannya waktu, orang-orang akan melupakannya dan berkata: Kami tidak menemukan hukuman rajam di dalam Kitab Allah, sehingga tersesat dengan meninggalkan kewajiban yang diperintahkan Allah ini.

Rajam adalah kewajiban yang ditetapkan dalam Kitab Allah bagi pria dan wanita menikah yang melakukan perzinahan ketika bukti sudah ada, atau jika ada kehamilan, atau pengakuan.

Al-Quran juga menjelaskan hukuman perzinahan bagi budak yang menikah adalah setengah dari hukuman orang yang menikah bebas.

(Surah An-Nisa 4:25)

Namun jika ada di antara kalian yang tidak mampu menikahi wanita mukmin yang merdeka, maka hendaklah dia menikah dengan wanita mukmin yang dimiliki oleh salah satu dari kalian. Allah lebih mengetahui keadaan imanmu dan iman mereka.

Anda berasal dari satu sama lain. Maka nikahilah mereka dengan izin pemiliknya, berikan mahar yang adil kepada mereka, jika mereka suci, tidak melakukan pergaulan bebas dan tidak berselingkuh.

Jika mereka melakukan perbuatan tidak senonoh setelah menikah, mereka menerima separuh hukuman dari wanita merdeka. Ini diperuntukkan bagi anda yang takut terjerumus ke dalam dosa. Tetapi jika kamu bersabar, itu lebih baik bagimu. Dan Allah Maha Pengampun lagi Maha Penyayang.

Hadits tentang Syafaat

(Surah Az-Zumar 39:44)
Mengatakan, *"Segala syafaat hanya milik Allah saja.*
Kepunyaan-Nyalah kerajaan langit dan bumi. Kemudian kepada-Nya
kamu semua dikembalikan."

Abdullah b. Amr b. al-As (ra dengan dia) meriwayatkan Rasulullah (damai dan berkah Allah besertanya) mengatakan:

Jika kamu mendengar Mu'adhdhin, ulangi apa yang diucapkannya, lalu doakanlah aku shalawat, karena setiap orang yang mendoakan shalawat kepadaku, maka dia akan mendapat sepuluh shalawat dari Allah; maka mohonlah kepada Allah al-Wasila untukku, suatu derajat di surga yang hanya cocok bagi salah satu hamba Allah, dan aku berharap agar aku menjadi salah satu hamba tersebut.

Barangsiapa meminta kepadaku agar diberikan Wasila, maka dia akan yakin akan syafaatku.

Diriwayatkan oleh Muslim

Hadits tentang Air yang Tercurah

(Surat Al-Isra 17:90-93)

Mereka menantang Nabi, *"Kami sekali-kali tidak akan beriman kepada-Mu sampai Engkau memancarkan mata air dari dalam bumi untuk kami,* atau sampai kamu mempunyai kebun yang berisi pohon korma dan kebun anggur, dan membuat sungai-sungai mengalir deras di dalamnya,

atau menyebabkan langit menimpa kami berkeping-keping seperti yang kamu nyatakan, atau membawa Allah dan para malaikat ke hadapan kami, berhadapan muka, atau sampai kamu mempunyai rumah dari emas, atau kamu naik ke surga, dan bahkan kemudian, kami tidak akan melakukannya. percayalah pada kenaikanmu sampai kamu membawakan kepada kami sebuah kitab yang dapat kami baca." Mengatakan, *"Maha Suci Tuhanku! Bukankah aku hanya seorang utusan manusia?*

Salim bin Abi Aj-Jad radhiyallahu 'anhu meriwayatkan:

Jabir bin Abdullah berkata, "Orang-orang menjadi sangat haus pada hari Al-Hudaibiya (Perjanjian). Sebuah panci kecil berisi air ada di depan Nabi. (Semoga damai dan berkah Allah besertanya) dan ketika dia selesai berwudhu, orang-orang bergegas ke arahnya.

Dia bertanya, "Ada apa denganmu?" Mereka menjawab, "Kami tidak mempunyai air untuk berwudhu dan minum kecuali yang ada di hadapanmu." *Jadi, dia memasukkan tangannya ke dalam panci itu dan air mulai mengalir di antara jari-jarinya seperti mata air.*

Kami semua minum dan berwudhu darinya." Aku bertanya kepada Jabir, "Berapa banyak kamu?" dia menjawab, "Seandainya kami berjumlah seratus ribu, itu sudah cukup bagi kami, tetapi kami berjumlah seribu lima ratus."

Diriwayatkan oleh Al-Bukhari

Hadits tentang Akal

(Surah Al-Anfal 8:22)
Sesungguhnya makhluk yang paling buruk di sisi Allah adalah *sengaja tuli dan bisu, yang tidak mengerti.*

Jundub radhiyallahu 'anhu meriwayatkan:

Nabi SAW bersabda: *Barangsiapa menafsirkan Kitab Allah berdasarkan pendapatnya, padahal dia benar, maka dia keliru. Diriwayatkan oleh Abu Dawud*

hadis pada Kemurtadan

Al-Qur'an tidak menyebutkan hukuman apa pun di bumi bagi orang yang meninggalkan keyakinan agama, melainkan menundanya di akhirat.

(Surah An-Nisa 4:136-137)

Wahai orang-orang yang beriman! Berimanlah kepada Allah, Rasul-Nya, Kitab yang diturunkan-Nya kepada Rasul-Nya, dan Kitab Suci yang diturunkan-Nya sebelumnya. *Sesungguhnya barangsiapa mengingkari Allah, malaikat-malaikat-Nya, kitab-kitab-Nya, rasul-rasul-Nya, dan hari akhir, jelaslah dia telah tersesat jauh.*

Sesungguhnya orang-orang yang beriman kemudian kafir, kemudian beriman dan kembali kafir hanya bertambah kekafirannya. Allah tidak akan mengampuni mereka atau membimbing mereka ke jalan yang benar

IKRIMAH RADHIYALLAHU 'anhu meriwayatkan:

Ali membakar beberapa orang dan berita ini sampai kepada Ibnu Abbas, yang berkata, "Seandainya aku berada di tempatnya aku tidak akan membakar mereka, sebagaimana Nabi SAW. (Semoga damai dan berkah Allah besertanya) dikatakan,

"Jangan menghukum siapa pun dengan Hukuman Allah." Tidak diragukan lagi, saya akan membunuh mereka, demi Nabi (Semoga damai dan berkah Allah besertanya) dikatakan, *"Jika seseorang (seorang Muslim) meninggalkan agamanya, bunuhlah dia."*

Diriwayatkan oleh Al-Bukhari

BAB EMPAT
Wahyu selain Al Quran

(Surat Al-Ma'idah 5:92)
***Taatilah Allah dan taatilah Rasul dan waspadalah*!** Namun jika kalian berpaling, ketahuilah bahwa tugas Rasul Kami hanyalah menyampaikan risalah dengan jelas.
(Surat Al-Haqqah 69:44-47)
Seandainya Rasulullah mengarang sesuatu atas nama Kami, niscaya Kami akan memegang tangan kanannya, kemudian memutuskan aortanya, dan tidak ada seorang pun di antara kalian yang dapat melindunginya dari Kami!

Allah memerintahkan kita untuk menaati Rasulullah dan memperingatkan bahwa jika dia mengarang sesuatu atas nama Allah dia akan mati.

(Surat Al-Jin 72:26-28)
Dialah yang mengetahui apa yang ghaib dan tidak memberitahukannya kepada siapa pun kecuali kepada utusan pilihan-Nya. Kemudian Dia mengangkat malaikat-malaikat penjaga di depan dan di belakang mereka untuk memastikan bahwa para rasul menyampaikan risalah Tuhan mereka secara lengkap—walaupun Dia telah mengetahui segala sesuatu tentang mereka, dan mencatat segala sesuatunya."

Ayat di atas menyoroti fakta bahwa Allah selain menurunkan Kitab Suci juga menurunkan pesan kepada para Rasul. Wahyu ilahi Allah berbicara sesuai dengan Sunnah Rasulullah (semoga berkah dan damai Allah besertanya)

Rasulullah (damai dan berkah Allah besertanya) menerima Wahyu lain yang tidak disebutkan dalam Al-Qur'an. Ayat-ayat berikut dengan jelas membuktikan Wahyu selain Al-Quran dan memberikan bukti kepada siapa pun yang menolak Hadis.

Istri Nabi

(Surat At-Tahrim 66:3)

Ingatlah ketika Nabi pernah menceritakan sesuatu kepada salah satu istrinya, kemudian ketika dia mengungkapkannya kepada istri yang lain dan *Allah memberitahukannya kepadanya*, dia menyajikan kepadanya bagian dari apa yang diungkapkan dan bagian yang diabaikan. Jadi, ketika dia memberitahunya tentang hal itu, dia berseru, "Siapa yang memberitahumu hal ini?" Dia membalas, *"Aku diberitahu oleh Yang Maha Mengetahui lagi Maha Mengetahui."*

Ayat di atas menunjukkan bahwa Allah SWT memberikan *Wahyu nabi terpisah dari Al-Qur'an.* Hal ini diungkapkan kepada Nabi ketika salah satu istri yang beliau curhat membeberkan informasi tersebut kepada istri lainnya. Tidak ada ayat lain dalam Al-Qur'an dimana Allah memberitahukan kepada Nabi tentang keterbukaan istrinya kepada orang lain. Artinya Nabi menerima wahyu dari Allah yang tidak bergantung pada Al-Quran.

Tiga Ribu Malaikat

(Surat Ali Imran 3:124)

Ingatlah wahai Nabi, ketika kamu berkata kepada orang-orang mukmin, "Tidakkah cukupkah Tuhanmu menurunkan bala bantuan tiga ribu malaikat untuk membantumu?"

Pertanyaan yang perlu ditanyakan adalah "Di mana Allah berfirman dalam Al-Quran Dia akan memperkuat orang-orang mukmin dengan tiga ribu malaikat?" Tidak ada ayat seperti itu dalam Al-Quran. Ayat di atas membuktikan bahwa Nabi SAW menerima wahyu lain dari Allah yang terpisah dari Al-Quran.

Dibolehkannya Kemesraan pada malam sebelum Puasa

(Surat Al-Baqarah 2:187)

Dibolehkan bagi Anda untuk berhubungan intim dengan istri Anda pada malam sebelum puasa. Pasanganmu adalah pakaian bagimu sebagaimana kamu bagi mereka.

Allah mengetahui bahwa kamu menipu dirimu sendiri. Maka Dia telah menerima taubatmu dan memaafkanmu. Maka sekarang kamu boleh dekat dengan mereka dan mencari apa yang telah ditetapkan Allah untukmu.

Ayat di atas mengungkapkan bahwa Allah mengetahui bahwa kamu menipu diri sendiri dan kini telah dibolehkan bagi kamu untuk berhubungan intim dengan istrimu pada malam-malam sebelum puasa.

Tidak ada perintah pertama dalam Al-Qur'an yang menyatakan bahwa Allah tidak boleh berhubungan intim di malam hari mendahului puasa. Ayat di atas juga membuktikan bahwa Nabi menerima wahyu dari Allah yang tidak disebutkan dalam Al-Quran.

Perubahan arah kiblat

(Surat Al-Baqarah 2:143-144)

Maka Kami jadikan kamu orang-orang yang beriman sebagai umat yang jujur, agar kamu menjadi saksi atas kemanusiaan dan agar Rasul menjadi saksi atas kamu.

Kami menugaskan arahan doa Anda sebelumnya hanya untuk membedakan mereka yang tetap setia kepada Utusan Tuhan dari mereka yang kehilangan iman.

Sesungguhnya Kami melihatmu wahai Nabi menghadapkan wajahmu ke langit. ***Sekarang Kami akan membuat Anda berpaling ke arah doa yang menyenangkan Anda.***

Jadi, arahkan wajahmu ke arah Masjidil Haram di Mekkah—di mana pun kamu berada, arahkan wajahmu ke sana. Orang-orang yang diberi Kitab Suci tentu mengetahui bahwa ini adalah kebenaran dari Tuhannya. Dan Allah sekali-kali tidak lengah terhadap apa yang mereka kerjakan.

Ayat tersebut mencerminkan adanya pergeseran kiblat. Kiblat baru berpindah dari Yerusalem ke Masjid al-Haram. ***Perintah asli untuk menghadap Yerusalem tidak ditemukan dalam Al-Quran.***

Pertanyaan yang perlu ditanyakan adalah "Bagaimana Rasulullah SAW mengetahui di mana kiblat pertama padahal tidak ada perintah dalam Al-Qur'an?" ***Juga tidak ada penjelasan tentang kiblat pertama atau perintah untuk mengikuti kiblat lain sebelum Mekah dalam Al-Qur'an.***

Hikmah (Hikmah)

(Surat Al-Baqarah 2:129)
Tuhan kami! Bangkitkan dari antara mereka seorang rasul yang akan membacakan wahyu-wahyu-Mu kepada mereka, *ajari mereka Kitab dan hikmah,* dan menyucikan mereka. Sesungguhnya hanya Engkaulah Yang Maha Kuasa lagi Maha Bijaksana.
(Surah An-Nahl 16:44)
Kami mengutus mereka dengan bukti-bukti yang nyata dan kitab-kitab Ilahi. *Dan Kami turunkan kepadamu wahai Nabi Yang Mengingatkan, agar kamu menjelaskan kepada manusia apa yang diturunkan kepada mereka, dan semoga mereka merenung.*

Hikmah bukanlah Al-Quran karena Nabi perlu mengajarkan sesuatu yang lain kepada orang-orang beriman selain Al-Quran. *Nabi diperintahkan untuk menjelaskan kepada manusia Sunnah agar mereka bisa merenung. Oleh karena itu Hikmahnya adalah Sunnah Nabi.*

BAB LIMA
Para Nabi dan Rasul

(Surah Ali-Imran 3:81)

Ingat ketika *Allah membuat perjanjian dengan para Nabi yang bersabda, "Sekarang Aku telah memberimu Kitab dan hikmah, jika datang kepadamu seorang Rasul yang membenarkan apa yang kamu miliki, kamu harus beriman kepadanya dan mendukungnya."*

Dia menambahkan, "Apakah Anda meneguhkan perjanjian ini dan menerima komitmen ini?" Mereka berkata, "Ya, benar." Allah berfirman, "Kalau begitu, jadilah saksi, dan aku juga seorang Saksi."

Ayat tersebut memberitahu kita bahwa Nabi (Nabi) adalah Utusan (Rasul) Allah yang dipercayakan dengan kitab suci baru. Sebaliknya, para rasul bukanlah Nabi tetapi menegaskan kitab suci yang ada dan menyampaikan pesan ilahi kepada manusia.

Allah menyebutkan dua puluh lima Nabi dalam Al-Quran tetapi konsensus di antara banyak umat Islam adalah bahwa ada juga Nabi-nabi lain yang tidak disebutkan oleh Allah. Islam mengakui Adam, Ebrahim (Abraham), Isma'il (Ismael), Musa (Musa), Dawud (David), Isa (Yesus) dan Muhammad sebagai lima Nabi besar.

Para Nabi dan Utusan Allah mempunyai fungsi yang berbeda, karena Allah menyebutkan para Nabi dan Rasul dalam dua ayat yang berbeda dalam Al-Quran. Allah memerintahkan kita untuk tidak membeda-bedakan para Nabi.

(Surat Al-Baqarah 2:136)

Katakanlah, hai orang-orang yang beriman, "Kami beriman kepada Allah dan apa yang diwahyukan kepada kami; dan apa yang diwahyukan kepada Ibrahim, Ismail, Ishak, Yakub, dan keturunannya; dan apa yang diberikan kepada Musa, Isa, dan nabi-nabi lainnya dari Tuhannya. *Kami tidak membeda-bedakan satupun dari mereka*. Dan kepada Allah kami semua berserah diri."

(Surat Ali Imran 3:84)

Katakanlah, wahai Nabi, "Kami beriman kepada Allah dan apa yang diturunkan kepada kami dan apa yang diturunkan kepada Ibrahim, Ismail, Ishak, Yakub, dan keturunannya; dan apa yang diberikan kepada Musa, Isa, dan nabi-nabi lainnya dari Tuhan mereka—*kami tidak membeda-bedakan satu pun di antara mereka,* dan kepada-Nya kami berserah diri sepenuhnya."

Allah dalam ayat lain juga memerintahkan kita untuk tidak membeda-bedakan Rasul.

(Surat Al-Baqarah 2:285)

Rasulullah sangat beriman terhadap apa yang diwahyukan kepadanya dari Tuhannya, demikian pula orang-orang yang beriman. Mereka semua beriman kepada Allah, malaikat-malaikat-Nya, kitab-kitab-Nya, dan rasul-rasul-Nya. Mereka menyatakan, *"Kami tidak membeda-bedakan salah satu rasul-Nya."*

Dan mereka berkata, "Kami mendengar dan menaati. Kami memohon pengampunan-Mu, Tuhan kami! Dan hanya kepada-Mulah tempat kembalinya yang terakhir. Adapun orang-orang yang beriman kepada Allah dan rasul-rasul-Nya—menerima semuanya; tidak menolak seorang pun—Dia pasti akan memberi mereka pahala. Dan Allah Maha Pengampun lagi Maha Penyayang.

Allah menjelaskan tanggung jawab para Nabi dan Rasul dan ingin umat manusia memahami konteks ayat-ayat Al-Quran ketika berhubungan dengan Nabi dan Rasul. *Allah memperkuat hal ini dengan menyebutkan Rasul dan Nabi secara terpisah dalam ayat berikut.*

(Surat Al-Hajj 22:52)

Kapanpun Kami mengutus Rasul atau Nabi sebelum kamu wahai Nabi dan dia membacakan wahyu Kami, setan akan mempengaruhi pemahaman manusia terhadap bacaannya. Namun pada akhirnya Allah akan menghilangkan pengaruh Setan. Maka Allah akan dengan tegas menegakkan wahyu-wahyu-Nya. Dan Allah Maha Mengetahui lagi Maha Bijaksana.

Setiap Nabi (Nabi) adalah Utusan (Rasul), tetapi tidak setiap Utusan adalah Nabi. ***Allah tidak mengatakan bahwa Muhammad adalah penutup para Rasul, melainkan penutup para Nabi.***

(Surat Al-Ahzab 33:40)

Muhammad bukanlah ayah salah satu anak buahmu, ***melainkan Rasulullah dan penutup para Nabi.*** Dan Allah Maha Mengetahui segala sesuatu.

Kita belajar dari Al-Qur'an bahwa setiap Nabi adalah seorang Utusan tetapi tidak setiap Utusan adalah seorang Nabi. Allah mengutus Nabi seperti Musa (Taurat), Daud (Mazmur), Yesus (Injeel) dan Muhammad (Quran) untuk menegaskan dan menyampaikan wahyu ilahi.

Al-Qur'an adalah kitab suci terakhir yang diturunkan Allah kepada umat manusia sebagaimana Muhammad adalah penutup para Nabi.

(Surah Al-Imran 3:3)

Dia menurunkan kepadamu wahai Nabi kitab yang sebenarnya, membenarkan apa yang terjadi sebelumnya, sebagaimana Dia menurunkan Taurat dan Injil.

Para Utusan Tuhan diberi fungsi khusus untuk diselesaikan tanpa menyampaikan kitab suci baru. Oleh karena itu jumlah Rasul melebihi jumlah Nabi. Allah tidak perlu menyebutkan nama semua Rasul dalam Al-Quran.

(Surah Ghafir 40:34)

Yusuf telah datang kepadamu lebih awal dengan bukti-bukti yang nyata, namun kamu tidak berhenti meragukan dengan apa dia datang kepadamu. ***Ketika dia meninggal kamu berkata, "Allah tidak akan pernah mengutus rasul setelah dia."*** "Beginilah Allah membiarkan setiap pelanggar dan orang yang ragu tersesat.

Al-Qur'an menyebutkan ketidakpercayaan dan keraguan bangsa dan suku yang mengatakan Allah tidak akan pernah mengirim Rasul lagi setelah Yusuf meninggal. Mereka mengira Yusuf adalah Utusan terakhir.

Umat Rasulullah bukanlah umat terakhir yang diutus Allah utusannya. Ayat-ayat berikut tersirat mengenai fakta ini.

(Surah An-Nisa 4:164)

Ada rasul-rasul yang kisahnya telah Kami ceritakan kepadamu, ada pula yang belum Kami ceritakan. Dan kepada Musa Allah berbicara secara langsung.

(Surah Yunus 10:47)

Dan untuk setiap bangsa ada utusannya. Setelah utusan mereka datang, mereka dihakimi dengan adil dan mereka tidak dianiaya.

Allah menyapa semua bangsa sampai selama-lamanya dimana para Utusan akan dikirim ke setiap bangsa di Bumi untuk menerima bimbingan ilahi-Nya.

Ayat ini juga menyatakan bahwa para Rasul masih hidup ketika menyampaikan risalah Allah. Hal ini bertentangan dengan anggapan bahwa Muhammad adalah Utusan Allah yang terakhir.

(Surah Al-Ahqaf 46:9)

Mengatakan, "***Saya bukanlah utusan pertama yang diutus, saya juga tidak tahu apa yang akan terjadi pada saya atau Anda.*** Aku hanya mengikuti apa yang diwahyukan kepadaku. Dan aku hanya diutus dengan peringatan yang jelas."

BAB ENAM
Kitab Allah yang Satu

Al-Qur'an, Injil, dan Taurat semuanya dianggap sebagai wahyu ilahi, masing-masing berisi narasi, ajaran, dan kesamaan keyakinan yang sama dalam monoteisme.

Al-Qur'an yang diyakini sebagai kitab terakhir dari Allah menegaskan wahyu ilahi dari Injil dan Taurat. Al-Qur'an juga memerintahkan umat beriman untuk menghormati kitab suci ini meskipun kitab tersebut dikaitkan dengan Nabi yang berbeda dan diturunkan dalam bahasa yang berbeda.

Narasi dan ajaran yang berbahasa Arab untuk Al-Quran, bahasa Yunani untuk Injil, dan bahasa Ibrani untuk Taurat dipahami dan ditafsirkan dalam konteks tradisi agama masing-masing.

Allah mengeluarkan tiga hukuman terhadap orang-orang yang tidak menghakimi sesuai dengan apa yang diturunkan Allah. Pertama, mereka kafir, kedua zalim, dan ketiga pelanggar.

(Surah Al-Ma'idah 5:44-47)

Sesungguhnya Kami menurunkan Taurat, berisi petunjuk dan cahaya, yang dengannya para nabi, yang menyerahkan diri mereka kepadanya Tuhan, dibuat]keputusan bagi orang Yahudi.
Demikian pula para rabi dan ulama mengambil keputusan berdasarkan kitab Allah yang dipercayakan kepada mereka dan mereka dijadikan pemeliharanya. Jadi, jangan takut pada masyarakat; takut saya! Juga tidak memperdagangkan wahyu saya demi keuntungan sesaat. *Dan*

orang-orang yang tidak memutuskan berdasarkan apa yang diturunkan Allah, sesungguhnya mereka adalah orang-orang kafir.

Ayat tersebut menekankan bahwa orang Yahudi harus mengikuti Taurat yang berisi petunjuk dan cahaya.

Kami tetapkan bagi mereka dalam Taurat, "Hidup ganti nyawa, mata ganti mata, hidung ganti hidung, telinga ganti telinga, gigi ganti gigi—dan luka sama balasannya." Namun siapa yang meninggalkannya dengan sedekah, maka itu adalah penebusan bagi mereka. *Dan itu Siapa yang tidak memutuskan berdasarkan apa yang diturunkan Allah, sesungguhnya dialah orang-orang yang zalim.*

Kemudian mengikuti jejak para nabi, Kami mengutus Isa putra Maryam untuk meneguhkan Taurat yang diturunkan di hadapannya. *Dan Kami berikan kepadanya Injil yang berisi petunjuk dan cahaya serta membenarkan apa yang diturunkan dalam Taurat*—panduan dan pelajaran bagi orang-orang yang bertakwa.

Allah memerintahkan orang-orang Kristen untuk mengikuti Injil dan juga menegaskan wahyu dalam Taurat. Allah tidak menyebutkan bahwa orang Kristen harus mengikuti Al-Quran.

Maka biarlah para penginjil menilai berdasarkan apa yang diturunkan Allah di dalamnya. *Dan mereka yang jangan menilai berdasarkan apa yang diturunkan Allah, sesungguhnya mereka adalah orang-orang yang durhaka.*

Para Nabi tidak pernah mengingkari adanya Nabi lain yang datang sebelum mereka. Masing-masing Nabi membenarkan pesan-pesan para pendahulunya. Allah mendukung dan memvalidasi semua Kitab Suci sebelumnya yang Dia kirimkan kepada para Nabi.

(Surah An-Nisa 4:136)

Wahai orang-orang yang beriman! Berimanlah kepada Allah, Rasul-Nya, Kitab yang diturunkan-Nya kepada Rasul-Nya, *dan Kitab Suci yang Dia turunkan sebelumnya.* Sesungguhnya barangsiapa mengingkari Allah, malaikat-malaikat-Nya, kitab-kitab-Nya, rasul-rasul-Nya, dan hari akhir, jelaslah dia telah tersesat jauh.

Nabi (Semoga damai dan berkah Allah besertanya) datang untuk memperjelas ayat-ayat Taurat dan Injil. Allah memerintahkan orang-orang yang beriman untuk beriman kepada kitab-kitab yang diturunkan-Nya sebelumnya. Namun ada umat Islam yang tidak mengikuti perintah Allah karena mereka tidak percaya pada Taurat dan Injil.

(Surah Al-Ankabut 29:46)

Janganlah kamu berdebat dengan Ahli Kitab kecuali dengan cara yang baik, kecuali dengan orang-orang yang berbuat zalim. Dan katakan, *"Kami beriman kepada apa yang diturunkan kepada kami dan apa yang diturunkan kepada kamu. Tuhan kami dan Tuhanmu hanya satu. Dan kepada-Nya kami berserah diri sepenuhnya."*

Allah memerintahkan orang-orang beriman untuk tidak berdebat dengan Ahli Kitab dan menghormati kitab suci mereka *Tuhan mereka dan Tuhan kita adalah Satu.*

(Surah Al-Ma'idah 5:68)

Katakanlah, wahai Nabi, "Wahai Ahli Kitab! *Tidak ada sesuatu pun yang dapat menjadi sandaranmu kecuali kamu menaati Taurat, Injil, dan apa yang diwahyukan kepadamu dari Tuhanmu."* Dan wahyu Tuhanmu kepadamu wahai Nabi hanya akan membuat banyak di antara mereka bertambah kefasikan dan kekufuran. Maka janganlah kamu bersedih hati terhadap orang-orang kafir.

Taurat dan Injil tidak dapat dianggap dibatalkan karena Allah sangat jelas bahwa *Taurat dan Injil harus ditaati.* Hal ini tidak berarti bahwa umat Islam harus mengikuti hukum Taurat dan Injil, melainkan mengakui dan mematuhi hukum Taurat dan Injil *percaya bahwa kitab-kitab terdahulu merupakan sumber wahyu Ilahi.*

(Surah Az-Zukhruf 43:3-4)

Sesungguhnya Kami menjadikannya Al-Qur'an dalam bahasa Arab, semoga kalian memahaminya. *Dan sesungguhnya hal itu ada dalam Catatan Utama di sisi Kami* sangat terhormat, kaya akan kebijaksanaan.

Taurat, Injil, dan Al-Qur'an semuanya merupakan edisi berbeda dari Satu Kitab Allah. Pandangan ini mungkin tidak dianut oleh semua penganut Kristen dan Yahudi karena interpretasi dan keyakinan dapat berbeda-beda dalam agama.

Catatan Utama yang disebutkan dalam Al-Qur'an ada pada Allah tempat asal usul semua kitab suci dilestarikan.

www.ingramcontent.com/pod-product-compliance
Lightning Source LLC
Chambersburg PA
CBHW021745150726
47989CB00004B/1525